Lb⁵¹ 4357

NOTICE
SUR LE
MONUMENT ÉLEVÉ A NAPOLÉON

à Fixin (Côte-d'Or),

LE 19 SEPTEMBRE 1847,

PAR MM. RUDE ET NOISOT,

ET SUR LE

BANQUET DONNÉ A DIJON

le 21 du même mois,

PUBLIÉE PAR LA COMMISSION DU BANQUET.

PRIX : 50 CENTIMES.

AU BÉNÉFICE D'UNE FAMILLE MALHEUREUSE

et d'un ancien Militaire pauvre et infirme.

DIJON,

IMPRIMERIE LOIREAU-FEUCHOT,

40, RUE CHABOT-CHARNY, 40.

1847.

NOTICE

SUR LE

Monument élevé à Napoléon

A FIXIN (CÔTE-D'OR),

ET SUR LE

BANQUET DONNÉ A DIJON.

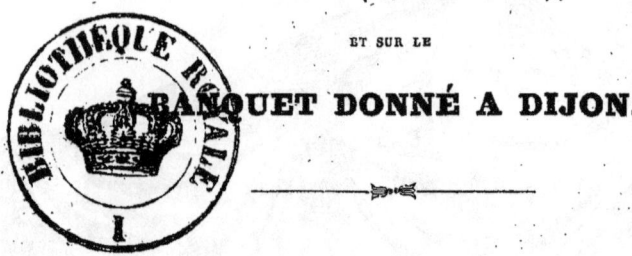

Tous les journaux ont parlé avec éloges du Monument élevé à Napoléon sur les côteaux de la Bourgogne, et toute la France a vu avec admiration et reconnaissance deux nobles cœurs, deux hommes dévoués au culte de nos glorieux souvenirs, accomplir à eux seuls ce que depuis longtemps la nation tout entière aurait dû faire.

Mais les articles de journaux passent vite, et la reconnaissance publique s'efface quelquefois avec la génération qui en a fait éclater les témoignages. Sans doute, le bronze sculpté par M. Rude doit être immortel : toutefois nous avons cru qu'il était indispensable de fixer les souvenirs qui se rattachent à cet admirable monument, par quelques pages que nos enfants trouveront un jour, et qui leur apprendront quels étaient les hommes qui ont prodigué leur fortune et leur talent à cette œuvre de patriotisme et de gloire, et de quels sentiments d'enthousiasme et d'amour leurs concitoyens ont payé leur noble dévouement ; c'est là l'objet de cette simple et courte Notice, où nous avons cherché surtout à réunir dans un ensemble complet, et avec une vérité rigoureuse, les faits qui viennent de se passer sous nos yeux.

Notre intention n'est pas d'y faire la biographie complète de M. Rude et de M. Noisot : le moment où ce soin deviendra nécessaire est fort heureusement bien loin de nous, et ce serait d'ailleurs un travail qui dépasserait de beaucoup les bornes que nous nous sommes imposées.

1847

Notre but est d'offrir une esquisse rapide de leur vie, si pure et si dévouée, à ceux de nos concitoyens qui les connaissent trop peu, et nous croyons qu'elle ne sera pas inutile, car une belle œuvre s'agrandit encore quand ceux qui la contemplent peuvent apprécier le caractère et les vertus de l'homme qui l'a conçue et de l'artiste qui l'a exécutée.

François Rude est né à Dijon le 4 janvier 1784 ; son père était poêlier, et demeurait dans une impasse dont l'entrée est rue Poissonnerie, entre les maisons n°s 15 et 23. Il avait seize ans lorsque, comme cela est arrivé à beaucoup d'autres grands artistes, le hasard lui révéla sa vocation. Un éclat de fer brûlant l'avait blessé au pied et le forçait au repos ; le désœuvrement le conduisit à la distribution des prix de l'Ecole des Béaux-Arts fondée par Devosge. Cette école occupait la chapelle de l'ancien collége des Jésuites, aujourd'hui cédée à l'École Normale, et brillait de tout l'éclat qu'avaient jeté sur elle les Gagnereaux, les Prudhon et tant d'autres artistes d'élite sortis de son sein. Rude parvint jusqu'à l'une des tribunes ; là, à la vue de cette réunion nombreuse, présidée par les premiers magistrats de la ville, de ces couronnes décernées au bruit des fanfares et des applaudissements, de toute cette gloire enfin dont on entourait les élèves pour exciter et récompenser leurs efforts, son cœur s'émut, ses yeux se remplirent de larmes, et le génie que Dieu avait mis en lui se fit entendre et lui dit : « Toi aussi, tu seras un artiste ! »

Le jeune Rude rentra chez lui et supplia son père de lui permettre de suivre les cours de dessin : celui-ci voulait bien que son fils dessinât, mais il ne se souciait pas qu'il fût artiste. Il avait rapporté de l'Allemagne, qu'il avait visitée dans ses voyages, la fabrication de ce qu'on appelait alors les *cheminées à la prussienne*; son industrie prospérait à Dijon, où il l'exerçait seul, et son ambition était de la léguer à son fils. Il lui permit donc, comme on disait dans ce temps-là, d'aller à l'*Académie*, mais à condition qu'il ne quitterait pas la forge et l'enclume, et dans l'espoir que ses études de dessin serviraient à améliorer les produits de son industrie.

Ce fut au mois de janvier que Rude prit le crayon pour la première fois. M. Devosge remarqua sur-le-champ son désir d'apprendre, son application et ses dispositions extraordinaires : il devina son avenir, et il en parlait si souvent chez lui, que sa vieille servante en avait été frappée, et qu'en venant le chercher dans les salles de l'école pour prendre ses repas, elle s'arrêtait avec curiosité près du nouvel élève, en lui disant :

« Mais, Rude, qu'est-ce que tu fais donc, que notre monsieur parle de toi
« tous les jours? »

A la fin de cette année, Rude obtint une médaille d'or pour le premier prix d'ornement; une médaille d'argent, second prix de dessin d'après le modèle vivant, et un accessit pour une figure modelée aussi d'après nature. Il n'avait cependant pas abandonné l'atelier de son père, et il y travaillait toute la journée; mais le soir il courait s'enfermer dans sa mansarde, et s'y livrait au dessin avec une ardeur infatigable. M. Devosge lui fournissait le papier et les crayons; quant à la lumière, que son père lui refusait, son imagination, excitée par le désir d'apprendre, n'était jamais embarrassée pour se la procurer.

Quelques années s'étaient écoulées lorsque son père fut atteint de paralysie. Depuis quelque temps, en voyant les succès de son fils, il s'était décidé, sur les instantes prières de M. Devosge, à le laisser suivre entièrement la carrière des arts; mais la maladie qui venait de le frapper lui enlevait les moyens de le nourrir pendant les longues études qu'il avait encore à faire, et Rude était menacé dans ses plus chères espérances, lorsqu'il imagina d'entrer chez les frères Mugnier, qui exerçaient à Dijon la profession de peintres en bâtiments. Il gagnait là sa nourriture en broyant des couleurs et en peignant des fenêtres; mais, du moins, il pouvait continuer ses travaux d'artiste.

Son talent commençait, du reste, a être apprécié à Dijon. M. Devosge lui avait procuré quelques bustes, qu'il avait exécutés avec succès, lorsque M. Monnier mourut. Cet artiste distingué, qui a laissé de beaux ouvrages et qui était l'ami intime de Devosge, avait une fille, artiste éminent comme lui, et qu'il avait mariée avec M. Fremyet, littérateur et administrateur d'un grand mérite. M. Fremyet chargea Rude de faire le buste de Monnier, et cette circonstance, si indifférente en apparence, eut sur tout le reste de sa vie une immense influence. Il fut vite apprécié dans la famille Fremyet : on l'aima, on l'encouragea, on chercha à l'aider avec cette délicatesse que les vrais artistes savent mettre en obligeant les autres artistes; sous le prétexte de rendre plus facile le travail dont on l'avait chargé, on lui fit accepter une mansarde dans la maison, et bientôt il fut traité comme un fils par ceux qui jugeaient si bien son talent, et qui regardaient comme un devoir d'en favoriser l'essor.

Cependant son avenir était bien loin d'être assuré, et un nouvel obstacle allait entraver sa carrière. C'était en 1806, à l'époque où la lutte de la France avec l'Europe recommençait pour ne plus cesser qu'à Waterloo.

Presque tous les jeunes gens se rendaient aux armées, et Rude était appelé à subir la loi commune : le sort ne lui fut pas favorable; il tira de l'urne le n° 2. Ainsi l'artiste qui devait laisser à la France tant de beaux ouvrages allait être entraîné loin de son atelier par ces guerres qui avaient déjà dévoré tant d'espérances, lorsque M. Fremyet, qui l'avait bien jugé, le conserva aux arts, en lui fournissant un remplaçant qu'il paya généreusement sur sa modeste fortune.

De ce moment la reconnaissance et l'amour de Rude pour son bienfaiteur n'eurent plus de bornes, et il se promit dans son cœur de les lui témoigner un jour. Il partit pour Paris en 1807; il n'avait dans sa poche qu'une somme de 200 fr.; mais il se jura de souffrir toutes les privations, plutôt que d'imposer de nouveaux sacrifices à ceux qui en avaient déjà tant fait pour lui.

Il avait des lettres de recommandation de Devosge pour le célèbre Denon, et il lui présenta en même temps une figure qu'il avait faite à Dijon; elle représentait *Thésée ramassant un palet*. Denon la prit d'abord pour une copie de l'antique, et, quand il sut que c'était une composition originale, il ne crut pouvoir mieux faire que d'introduire Rude dans l'atelier de M. Gaules, chargé des travaux de la colonne Vendôme, et dans celui de M. Cartelier, sculpteur, et membre de l'Institut. Ainsi, dès son début à Paris, Rude mit la main au plus grand monument qui rappelle au monde notre gloire nationale.

Six mois après, il se mettait sur les rangs pour le grand concours; reçu le premier en loges, il obtint le second prix, en concurrence avec Cortot, qui concourait depuis quatre ans, et qui fut depuis membre de l'Institut. Admis alors de droit à l'Ecole des Beaux-Arts, où on l'avait refusé quelque temps auparavant, il y allait rarement; il préférait travailler d'après les principes que lui avait donnés son ancien professeur, Devosge, et, dans sa touchante modestie, il dit encore aujourd'hui que s'il était resté quatre ans de plus auprès de lui, il serait devenu un grand sculpteur. Dès qu'il s'était procuré quelqu'argent par un travail opiniâtre et une économie rigoureuse, il payait des modèles, et s'enfermait chez lui pour étudier la nature.

Ce fut en 1812 qu'il eut le grand prix et la pension pour aller à Rome. Mais M. Denon, qui l'aimait, lui conseilla de ne pas partir sur-le-champ, et d'amasser un peu d'argent, afin de bien voir l'Italie, en allant prendre sa place à l'école que le gouvernement français y entretient. Il lui donna alors à exécuter des bas-reliefs dans un obélisque qu'on devait élever à la grande armée sur le terre-plein du Pont-Neuf, à l'endroit où on a placé depuis la statue d'Henri IV. Rude fit aussi à cette époque les bustes de la famille Ternaux.

Les désastres de 1814 arrivèrent, et le cœur de Rude en fut brisé : tout ce qu'il voyait à Paris lui en rendait le séjour douloureux ; il demanda son ordre de départ pour l'Italie, et, après l'avoir obtenu, il partit, et s'arrêta quelque temps à Dijon pour y embrasser ses amis. Mais le retour de Napoléon vint l'y surprendre, et arrêter forcément son voyage.

En voyant la France se préparer à soutenir contre l'Europe une dernière lutte qui allait décider de sa destinée, Rude aurait voulu prendre part à la gloire et aux périls de tous ; ce fut à grand'peine qu'on le décida au projet qu'il avait formé de partir comme volontaire dans la garde nationale mobile de la Côte-d'Or ; il resta à Dijon : ce fut là qu'il apprit la catastrophe de Waterloo.

Cet événement changea tous ses projets. M. Fremyet, son bienfaiteur, avait soutenu avec énergie le gouvernement impérial ; sa liberté et peut-être sa tête étaient menacées. Obligé de s'exiler, il ne voulut abandonner sa famille qu'à condition que Rude conduirait à Bruxelles, où il se rendait lui-même, sa femme et ses filles encore enfants, et se rendrait ensuite en Italie.

Rude le lui promit, mais il ne tint qu'à demi sa parole. Il conduisit à Bruxelles Mme Fremyet et ses filles ; mais quand M. Fremyet le pressa d'aller en Italie et de profiter des avantages que lui offrait sa pension, il s'en défendit avec une fermeté inébranlable. Il sentait en effet que l'existence de M. Fremyet et de ses enfants était incertaine et qu'ils avaient besoin d'un ami dévoué ; dès ce moment il ne les quitta plus, et joignit son travail à celui de sa nouvelle famille.

Rude trouva à Bruxelles le célèbre peintre David, qu'il avait connu à Paris, et que la Restauration avait condamné à l'exil ; il obtint par lui quelques commandes du gouvernement. Ce furent d'abord des sujets destinés à orner la salle de spectacle, le fronton de l'hôtel de la Monnaie, à Bruxelles ; puis des figures et des cariatides pour la salle des Etats-Généraux ; enfin le buste en marbre du roi de Hollande, pour la même salle. Il ne refusait aucune espèce de travail ; il exécuta à cette époque, pour une église de Lille, une chaire à prêcher en bois, sur laquelle il sculpta cinq figures en ronde-bosse et un bas-relief.

Bientôt M. Fremyet ne crut pas pouvoir récompenser plus dignement son noble dévouement qu'en lui donnant la main de sa fille aînée. Mlle Sophie Fremyet, qui avait reçu longtemps, à Dijon, les leçons de Devosge père, était devenue, à Bruxelles, l'élève chérie de David; fille d'un proscrit comme lui, ce grand artiste l'avait choisie pour copier son tableau de *Télémaque et Eucharis*, dernier chef-d'œuvre qu'il venait de vendre à un prince d'Allemagne, mais dont M. Didot lui avait acheté une copie, et cette copie, faite par l'élève, était si belle, que l'envoyé du prince, qui craignait un échange, crut devoir mettre son cachet sur l'original, et que le maître n'hésita pas à signer de son nom l'œuvre d'un autre pinceau que le sien.

Ce mariage fut pour Rude une récompense inespérée, et qui décida du bonheur de toute sa vie. De ce moment son génie parut grandir encore, en s'inspirant au sein des félicités de la vie domestique. Quelque temps après, la décoration de la résidence royale de Terwuren, qui appartenait au prince d'Orange, lui fut confiée; il exécutait les sculptures, Mme Rude peignait les attiques, et M. Vanderhaert, son beau-frère, peignait les grisailles. On remarque, dans le salon, les huit bas-reliefs qui représentent la vie d'Achille, et sous la colonne du portique un autre grand bas-relief représentant la Chasse du sanglier de Calydon.

Ce fut en 1827 que Rude revint à Paris, ramené par le sculpteur Roman, son ami; il y retrouva M. Cartelier, son ancien maître, et il ne tarda pas à obtenir quelques travaux du gouvernement : il fit à cette époque une *Vierge* en marbre pour l'église de Saint-Gervais; un *Mercure*, dont le plâtre, exécuté en six semaines, fut placé, pendant la dernière quinzaine, à l'exposition de 1829, et plus tard coulé en bronze et acheté par le ministre; le buste de *Lapeyrouse*, pour le Musée de la Marine.

Dans le même temps le ministre lui confia l'exécution d'un tiers de la frise de l'arc-de-triomphe de l'Etoile, en lui donnant la direction de l'ornement entier. Mais la révolution de juillet étant survenue, la part de Rude, dans ce grand travail, fut réduite à deux portions; de sorte que, par une étrange singularité, cette révolution toute nationale et populaire vint frapper l'artiste qui l'avait appelée avec le plus d'ardeur et la saluait avec le plus d'enthousiasme. La partie de la frise exécutée par Rude est celle qui regarde Chaillot, et qui représente l'armée française revenant d'Egypte.

Du marbre qui lui avait été donné pour le buste de Lapeyrouse, il restait un morceau qui avait la forme d'un prisme triangulaire : M. Rude voulut l'utiliser, et il imagina sa charmante figure du *Petit Pêcheur napolitain.* Cette admirable production excita un enthousiasme universel, lorsqu'elle parut à l'Exposition de 1832 : le gouvernement la lui demanda pour la placer au musée du Luxembourg, et M. Rude consentit à en faire l'abandon ; il reçut en échange la croix d'honneur et une somme d'argent qui couvrait à peine les dépenses que ce bel ouvrage lui avait fait faire.

Depuis ce chef-d'œuvre, Rude a accompli de nombreux travaux. Ce sont :

Le bas-relief de droite de la façade du palais des députés ;

Son magnifique bas-relief de l'arc-de-triomphe de l'Etoile. Les quatre bas-reliefs lui avaient été confiés d'abord ; mais Rude, craignant de ne pouvoir les exécuter dans le délai donné, n'en avait conservé que deux. Plus tard, une intrigue lui enleva le troisième, pour le donner à M. Cortot, de l'Institut. On sait que celui sculpté par Rude représente le *Départ des volontaires en* 1792 ;

Un *Mercure en bronze*, pour M. Thiers ;

Une statue du *Maréchal de Saxe*, pour le musée de Versailles ;

Un groupe en marbre, représentant le *Baptême de Jésus-Christ*, pour l'église de la Madeleine ; c'est son œuvre de prédilection, à laquelle il a consacré sept années de travail, et qui malheureusement est si mal éclairée qu'elle est à peine vue ;

Une statue de *Caton d'Utique*, terminée presqu'entièrement pour son ami Roman, qui venait de mourir ;

Une statue de *Louis XIII*, sculptée et fondue en argent pour M. le duc de Luynes, qui l'a placée dans son château de Dampierre ;

Le monument funèbre de *Cavaignac*, sur lequel est couchée la statue de ce courageux citoyen ;

Enfin le monument de *Napoléon*, pour M. Noisot.

Outre ces grandes œuvres, Rude a fait pour le musée de Dijon le buste de *Devosge*, son maître chéri et vénéré ; celui de *David* pour le Louvre, et celui de l'aîné des *Dupin*. Tous ces travaux ont été conçus et médités dans sa modeste maison de la rue d'Enfer, où il vit dans la retraite, heureux de sa vie laborieuse et indépendante, au milieu de sa femme, de sa nièce, qu'il a adoptée, de quelques amis, et de ses élèves qui le chérissent et qu'il admet dans son intimité pour les former par ses conseils, comme dans son atelier il les forme par son exemple. C'est de cet atelier que sortiront bientôt la statue de *Monge*, faite pour la ville de Beaune ; celle de *Jeanne d'Arc*, pour le jardin du Luxembourg; celle du *Maréchal Lobau*; enfin la figure en marbre qui lui a été demandée par le Conseil municipal de Dijon.

Après avoir montré le courage indomptable du jeune artiste luttant avec constance contre la fortune, il nous reste à faire voir celui du brave militaire parcourant avec une énergie non moins héroïque une carrière semée de dangers et d'épreuves d'une autre espèce.

Claude Noisot, né à Auxonne le 5 septembre 1787, fut d'abord employé comme sous-économe à l'hospice général de Dijon. C'est là que la conscription vint le prendre. Entré au service en 1808, il fut incorporé dans les fusiliers de la garde, et bientôt il passa dans le 1er régiment des tirailleurs du même corps. En 1809, il fut blessé à la bataille d'Essling, et prit part à la bataille de Wagram. Il passa de là en Espagne, où il fit les campagnes de 1810 et 1811, et reçut une seconde blessure. Il entra alors dans le 2e régiment des grenadiers de la vieille garde, et fit avec lui la malheureuse campagne de Russie. En rentrant en France, il fut nommé sergent-major. En 1813, il défendit avec intrépidité le sol de la patrie, et les actions d'éclat qu'il fit dans cette mémorable et glorieuse campagne lui valurent le grade de lieutenant en second et la croix de la Légion-d'Honneur. Quand Napoléon abdiqua à Fontainebleau, et qu'il fallut former le bataillon sacré qu'on lui permettait d'emmener avec lui, Noisot fut choisi parmi les nombreux amis qui se présentaient en foule pour partager la fortune de leur Empereur, déchu non de sa gloire, mais de sa puissance. Il le suivit à l'île d'Elbe, et c'est là qu'il fut nommé par lui sous-adjudant-major et officier de la Légion-d'Honneur : ce fut la seule nomination faite dans ce petit royaume du grand Empereur. Rentré en France avec Napoléon, il s'élança avec lui de Cannes à Paris, et de Paris à la frontière. La mitraille de Waterloo l'épargna, et quelques jours après cette funeste journée il se retira sur la Loire avec les débris de l'armée.

Noisot se trouvait alors sans ressources : une ordonnance royale avait rayé des contrôles de l'armée tous les braves qui avaient aidé au retour de Napoléon; il était donc sans pension, sans demi-solde et sans fortune. Mais sa constance ne se laissa point abattre : il avait dessiné dans sa jeunesse; il chercha à se rappeler ce qu'il savait autrefois, et il se fit peintre. Son talent lui procura une existence modeste, mais indépendante, et il eut de plus le bonheur de pouvoir aider de vieux compagnons d'armes qui n'avaient pas pu se créer comme lui les moyens de vivre honorablement. En 1818, le ministère de Gouvion de Saint-Cyr le replaça un instant dans les cadres de l'armée; mais le système moins libéral qui succéda l'eut bientôt envoyé à demi-solde. Emprisonné en 1820 pour ses opinions politiques, il eut ainsi sa part des persécutions que le gouvernement de cette époque réservait aux hommes de cœur et d'énergie.

La révolution de 1830 le trouva tout prêt : dès le matin du 28 juillet, revêtu de son uniforme de la garde impériale, la cocarde tricolore au chapeau, il guidait aux barricades les vieux soldats que la paix avait fait artisans, et les ouvriers que sa voix appelait aux armes. Ce fut lui qui, le 29 juillet, après avoir combattu toute la matinée, conduisit à l'Hôtel-de-Ville le général Lafayette, qui venait y prendre la direction militaire de l'insurrection. Chargé quelques jours plus tard d'accompagner, avec le général Raymond, le roi Charles X et sa famille, il protégea leur retraite jusqu'à Cherbourg et contribua à faire respecter leur infortune. Revenu à Paris, il fut appelé au ministère pour donner des renseignements sur les vieux grenadiers du bataillon de l'île d'Elbe ; aussi modeste et aussi désintéressé qu'il avait été brave et fidèle, il ne pensa qu'à faire rendre justice à ses compagnons d'exil, si maltraités par la Restauration, et le gouvernement oublia les services qu'il avait rendus à la France sur les champs de batailles et ceux qu'il venait de rendre à la liberté dans les rues de Paris. Quelques mois après, lorsque Noisot, pressé par ses amis, demanda à être employé avec son grade, on ne rougit pas de lui opposer une déchéance, en lui reprochant d'avoir laissé écouler les délais fixés par les ordonnances pour prêter serment à la monarchie de juillet. Il se retira alors dans sa propriété de Fixin, vivant de ses glorieux souvenirs, aimé de tout ce qui l'entourait, et honoré de tous ceux qui l'avaient connu, n'ayant retiré d'autre récompense de son courage dans les trois grandes journées que la décoration de juillet, qu'il est fier de placer à côté de sa croix d'honneur.

Ces deux hommes, tous deux aimant avec ardeur les arts et la France, et dont le cœur avait adoré les mêmes gloires et gémi des mêmes douleurs, ces deux hommes devaient nécessairement se rencontrer, se comprendre et s'aimer. Un ami commun, artiste comme eux, les mit un jour en présence : ils s'entendirent sur-le-champ et furent bientôt unis.

Ce fut en 1844, dans un des voyages que M. Rude fait de loin en loin en Bourgogne pour visiter ses amis, que la première idée d'une statue à Napoléon fut conçue et presque aussitôt arrêtée. M. Noisot nous a appris lui-même, dans son discours d'inauguration, comment cette noble résolution avait été formée. Il avait reçu M. Rude à Fixin, et il se promenait avec lui dans le charmant vallon qu'il a fait arranger à ses frais et qui est devenu un jardin délicieux. Il lui faisait voir le clos qu'il a créé sur le flanc aride de la montagne, et, dans la conversation où leurs cœurs s'épanchaient mutuellement, il lui exprimait avec énergie la douleur qu'il ressentait de ne trouver nulle part au monde un monument qui lui rappelât l'homme qu'il avait tant aimé et pour qui il avait tout sacrifié. C'est en ce moment, sur la place même où s'élève aujourd'hui la statue, que M. Rude lui promit de lui rendre son empereur adoré. M. Noisot reçut cette promesse avec transport, et sans calculer ce que devait lui coûter un si grand bonheur. Comment ce froid calcul se serait-il offert à son esprit, quand l'artiste apportait dans cette noble association de dévouement et d'honneur son admirable talent et son désintéressement sans limites?

De retour à Paris, M. Rude se mit à méditer sur la grande œuvre à laquelle il allait mettre la main : il paraît que depuis longtemps il en avait conçu la première idée; mais, dans ce moment décisif, il voulut s'entourer de tout ce qui pouvait agrandir encore son inspiration. Il alla voir les compagnons d'exil de Napoléon et causa longtemps avec eux; son fidèle valet de chambre, Marchand, mit à sa disposition le masque original moulé en plâtre sur la figure de l'illustre martyr; il lui donna son chapeau et son uniforme, son épée et son manteau. C'est avec ces données, d'une vérité incontestable, que M. Rude se pénétra de son œuvre sublime. Il en commença l'exécution au mois de mars 1844 : la figure seule lui coûta plus de six mois d'étude et de travail; la draperie fut aussi longtemps étudiée, les moindres accessoires furent plusieurs fois essayés et recommencés. Enfin la statue fut achevée, et sortit des mains de l'artiste aussi noble et aussi grande que Napoléon, aussi triste et aussi touchante que ses infortunes et ses douleurs.

Le projet de M. Noisot était d'abord de faire venir la statue par eau : elle devait être transportée à Dijon sur le bateau *Le Caporal*, ornée de fleurs, de verdure et de drapeaux tricolores, et escortée par deux vétérans de l'ancienne armée; l'inauguration devait avoir lieu le 15 août. Ce voyage eût été une marche triomphale de Paris à Dijon; mais un retard survenu dans le travail de la fonte ne permit pas de donner suite à cette idée. La statue ne sortit des ateliers de MM. Eick et Durand, fondeurs, chargés de la couler en bronze, que sur la fin du mois de juillet, époque à laquelle la navigation des canaux est interrompue; ce fut le 26 juillet qu'elle fut exposée, dans l'atelier de M. Rude, aux yeux de la foule qui s'y portait tous les jours pour l'admirer.

Le général Gourgaud, qui avait partagé l'exil de Napoléon à Sainte-Hélène, la visita un des premiers : à l'aspect de cette admirable figure, si pleine de tristesse et de grandeur, il lui sembla voir réellement l'Empereur sortant du cercueil pour s'élever à l'immortalité ; des larmes abondantes coulèrent de ses yeux, et, après l'avoir admirée longtemps en silence, il pressa la main de M. Rude et lui dit d'une voix étouffée par les sanglots : « Les pleurs que je verse sont le plus bel éloge que je puisse « faire de votre ouvrage. »

M. Marchand, qui avait assisté à la longue agonie du captif, et qui avait reçu son dernier soupir, avait été tout aussi vivement frappé. « Com-« ment se fait-il, s'écriait-il en versant des larmes, que, sans l'avoir vu, « vous l'ayez fait si ressemblant qu'on ne peut le regarder sans éprouver « une douleur profonde ! »

Les plus grands artistes, Horace Vernet, Paul Delaroche, Ary Scheffer, avaient admiré cette magnifique composition, et regrettaient amèrement qu'elle ne fût pas destinée à recouvrir les cendres de Napoléon déposées à l'Hôtel-des-Invalides : c'était là le vœu de tous ceux qui la voyaient. Le général Trézel, ministre de la guerre, avait exprimé le même désir et les mêmes regrets. Enfin, la nièce de Napoléon, la princesse Demidoff, vint aussi rendre hommage à la statue de son oncle, et, après l'avoir longtemps considéré avec admiration, elle remercia en pleurant M. Rude d'avoir représenté si dignement l'homme qui a couvert sa famille d'une gloire impérissable.

Les journaux ne tardèrent pas à partager l'enthousiasme universel, et à joindre leurs éloges à ceux de la foule ; nous ne résisterons pas au désir de rapporter ici celles de ces appréciations qui nous semblent les plus complètes.

Le *National* du 28 août 1847 s'exprime ainsi sur le monument destiné à la Bourgogne :

« Pour certains artistes la vulgarité est impossible, comme à d'autres elle est naturelle ; l'imagination noble, le goût délicat des premiers, sait toujours surprendre et élever la pensée ; le néant ou l'emphase des autres vous traîne dans le lieu commun. M. Rude est des premiers, et nous étions sûrs que ce monument funéraire de Napoléon, œuvre grande comme l'homme, et sur laquelle s'usera longtemps encore l'art moderne, recevrait de lui une forme originale et imprévue, une idée poétique. C'est une apothéose, mais non pas sur ce thème banal ni dans ce vieux moule insipide où toutes sont jetées. Celle-là a sa nouveauté et sa hardiesse : c'est la transfiguration de la mort, l'attente et les premiers tressaillements de l'immortalité, moment suprême où le héros renaît, où son cadavre, divinisé, resplendit sur le tombeau même, se soulève et respire déjà l'air de l'Empyrée ; moment d'un vague sublime, qui semble insaisissable à l'art, intraduisible par la sculpture, et que M. Rude a saisi et traduit avec une clarté et une grandeur égales d'expression.

« La base du monument est le roc de Sainte-Hélène, masse abrupte, calcinée, hérissée de pointes aiguës d'où pendent des chaînes, morne au milieu des flots qui l'enserrent. Sur les flancs du rocher un aigle expire, l'aile étendue convulsivement. Plus haut, l'on distingue, gisant dans l'ombre, la couronne de chêne de Campo-Formio, l'épée d'Iéna et le chapeau d'Eylau. Au sommet, Napoléon est couché dans son manteau de Marengo. L'Angleterre l'avait enchaîné là, et cloué vivant comme sur une tombe, et c'est de là qu'il va s'élancer libre. Il est mort, son immortalité commmence ; d'ignobles chaînes le retenaient, son ame les brise ; son aigle ne volera plus, et lui prend l'essor. Le voici qui se réveille du trépas, qui se redresse lentement sur son roc, et, d'une main, soulève au-dessus de sa tête le linceul dont il est enveloppé, son long manteau de guerre. Il est encore à moitié couché et enseveli dans ses plis funèbres ; mais déjà sa poitrine se découvre vêtue du glorieux uniforme, son buste se hausse, son bras s'étend, sa main cherche l'espace, tout son corps semble frémir et monter ; déjà ses yeux demi-clos nagent dans une autre lumière, et son front couronné aspire et touche à d'autres cieux ; encore un moment, et un souffle supérieur l'emportera bien loin du rocher de Sainte-Hélène...

« L'horreur du lieu et sa vérité nue se parent de nobles accessoires et d'emblêmes pathétiques ; la triste couche de pierre se drape en lit impérial, et l'affreux rocher de Sainte-Hélène semble taillé en splendide cénotaphe sur lequel se lève Napoléon glorifié. Ce rocher, base historique du monument, est, pour la statue qui la couronne, le plus caractéristique et le plus beau piédestal : il touche par le choix expressif et l'art de ses détails, il impose dans sa masse. Il fallait au sommet du monument, à la grande figure qui s'y déploie, même caractère, et plus d'expression encore avec plus d'aspect. L'artiste n'y a point manqué. C'est

Napoléon sous l'idéal même dont sa tête rayonne ; c'est sa figure comme jetée dans les proportions fières de l'art : rien de plus réel et de plus héroïque que cette figure, rien de plus saisissant que sa pantomime, de plus calme et de plus majestueux que sa ligne ; nous ne savons pas surtout de draperie plus magnifique et plus large que ce manteau de Marengo dont M. Rude l'a couverte et ornée triomphalement. Ce manteau aux plis superbes, cette vaste draperie, trouvée et agencée d'une façon vraiment antique, donne au monument qu'il enveloppe et amplifie un effet prodigieux de grandeur...

« M. Rude a laissé à Napoléon son masque populaire et son uniforme habituel. Pour cette tête naturellement belle, il lui a suffi d'y mettre la couronne et l'inspiration. — Quant à cet uniforme des chasseurs de la garde, si peu fait pour la statuaire, il l'a dérobé en partie, ou rehaussé en jetant dessus la riche ampleur du manteau de Marengo. Son goût s'est bien gardé de la *redingote grise*. S'il ne pouvait s'interdire l'une des pièces officielles du costume de l'Empereur et son signe le plus familier, ce *petit chapeau* porté dans vingt batailles, il l'a relégué du moins sur un plan inférieur, et on ne l'aperçoit qu'obliquement, groupé comme attribut avec l'épée du grand Frédéric, et deux branches de chêne où se lit sur chaque feuille l'immortelle campagne d'Italie. L'enseigne de la grande armée, le symbole populaire de l'Empire, l'aigle est là aussi, mais sous une forme poétique : tombée palpitante de la nue sur ce rocher, elle figure une autre chute profonde. Ainsi le sujet se caractérise en s'ennoblissant ; ainsi l'homme reste sous le héros, et son costume même passe dans l'apothéose : le beau enveloppe le vrai, et l'histoire se fait digne de l'art.

« Ce bronze funéraire, tel qu'il est, pourrait suffire à la gratitude et à la munificence d'un Etat, et ce n'est qu'un hommage privé, un monument élevé dans un domaine particulier par les soins et aux frais de deux amis! On lit au bas ces trois lignes : *A Napoléon, Noisot, grenadier de l'île d'Elbe, et Rude, statuaire.* »

On lit dans la *Démocratie pacifique* du 5 août 1847 :

« La foule se pressait, il y a quelques jours, à la porte du n° 74 de la rue d'Enfer, pour aller voir le monument de Godefroy Cavaignac, sculpté par M. Rude. Aujourd'hui encore elle retourne à l'atelier du maître, afin d'y admirer une œuvre nouvelle, un grand et magnifique poème de bronze qui a pour titre la *Résurrection de Napoléon*. C'était une entreprise hardie, d'ériger, après tant d'autres, un monument à l'Empereur.....

jusqu'ici le problème était resté sans solution: M. Rude l'a trouvée. Le monument qu'il vient de terminer est beau comme les chants de Lamartine, de Barbier, de Méry et de Victor Hugo, sur l'Empire; noble et fier comme les souvenirs qu'il retrace, digne enfin de son puissant modèle.

« C'est que M. Rude n'est pas un de ces artistes vulgaires qui pétrissent l'argile en manœuvres, sans comprendre qu'il peuvent, sous les muscles et les vêtements qu'ils modèlent, faire vivre un sentiment et une idée........ M. Rude procède autrement : le magnifique bas-relief de l'arc-de-triomphe, où la Liberté qui s'élance en avant chante à pleine voix la *Marseillaise*, est une preuve éclatante de la manière sérieuse dont ce statuaire embrasse ses sujets. L'enthousiasme a crayonné devant lui d'un seul jet l'esquisse générale; mais la perfection des accessoires, de l'entourage, n'est que le résultat de longues et laborieuses méditations.

« La *Résurrection de Napoléon* a été puisée à la même source d'inspiration poétique, de même aussi que chacune de ses parties n'a pris forme, sous les doigts de M. Rude, qu'après avoir été profondément réfléchie. On reste immobile d'admiration, quand on se trouve face à face avec cette resplendissante sculpture, tant il y a de noblesse dans l'ensemble, de forme et d'habileté dans les détails!

« M. Rude a posé Napoléon sur le rocher de Sainte-Hélène; mais, traduisant mot à mot le vers d'un de nos poètes célèbres, il a fait le rocher trop étroit pour l'homme à qui ne suffisait pas le monde. Le roc stérile est ciselé avec une âpreté pleine de tristesse. On sent un frisson navrant à l'aspect de ces pointes nues et parallèles, où ne fleurit pas une plante, que ne veloute pas même une tache de mousse. Des chaînes retombent des deux côtés le long des parois, mais les carcans qui les terminent sont brisés par moitié: la mort a délivré l'ame de l'Empereur, il a conquis sa liberté immortelle le 5 mai 1821. Cependant deux anneaux tiennent encore son épée captive. C'est que, hélas! esclave des Anglais, cette vaillante compagne des batailles du héros n'a pas reconquis par une victoire, après la journée de Waterloo, le droit d'étinceler comme sous le soleil d'Austerlitz!

« A côté de ce glaive, moulé avec fidélité sur l'arme historique déposée aux Invalides, le petit chapeau du grand homme, plus célèbre que son triple diadème, dort sur une couronne de chêne, où sur chaque feuille on lit les souvenirs du Consulat : Marengo! Iéna! les Pyramides! Toutes les victoires n'y sont pas écrites : les feuilles d'un arbre entier n'y auraient pas suffi.

« Tel est le trône allégorique sur lequel se redresse à moitié la statue enveloppée dans le manteau de Marengo. Cette statue est d'un grand style, et rappelle, par le calme de la figure ainsi que par la majesté des draperies, les précieuses sculptures que nous a léguées la Grèce antique.

« Les plis du manteau retombent gravement sur le devant du rocher, sans multiplicité tourmentée, sans affectation, et pourtant avec énergie et mouvement. Les formes du corps se laissent deviner sous les draperies, et le bras droit relève hardiment en auréole au-dessus de la tête un peu de l'étoffe, tandis que la main gauche, appuyée sur le rocher, soutient sans effort le corps qui se relève. Le buste, vêtu d'un costume traditionnel (habit de colonel de chasseurs, avec une croix d'honneur pour toute décoration), révèle chez M. Rude une science peu commune à faire sentir les muscles sous le voile des vêtements.

« La tête, frappante de ressemblance, est aussi largement conçue que vigoureusement exécutée. Le poli donné au bronze illumine le visage, et le fait rayonner par contraste avec la teinte mate de toutes les autres parties du monument.

« Puis, au-dessous du corps, la tête inerte, la langue pendante, l'aile ouverte et détendue, les serres contractées par les convulsions de la mort, un aigle étranglé complète l'idée allégorique de l'artiste.

« Sur un des plans polis du rocher sont écrits ces quelques mots : *A Napoléon, Noisot, grenadier de l'île d'Elbe, et Rude, statuaire*, 1846. Cette inscription explique l'origine et le but de l'œuvre. M. Noisot, ancien capitaine de l'Empire, et fidèle au culte du grand homme, ainsi que le sont tous ceux qui servirent sous ses ordres, a voulu consacrer son affection pour lui par l'érection d'une statue de bronze dans le parc de sa maison de campagne, située à trois lieues de Dijon. M. Rude, auquel il s'était adressé, a désiré participer à cette œuvre pieuse en donnant gratuitement son beau talent au capitaine Noisot. »

Les anciens amis de Napoléon, les grands artistes, les écrivains n'étaient pas les seuls qui vinssent payer à l'œuvre de M. Rude le tribut de leur émotion et de leurs éloges. Le peuple, les vieux soldats, qui ont tant aimé Napoléon parce qu'ils lui ont fait tant de sacrifices; le peuple, qui a le sentiment intime de ce qui est vraiment beau et vraiment grand, venaient en foule, et leurs transports naïfs ne le cédaient pas en vivacité à ceux des hommes plus éclairés.

Il nous serait impossible de citer toutes les conversations originales, toutes les scènes touchantes dont l'atelier de la rue d'Enfer a été témoin dans ces jours où, depuis le matin jusqu'au soir, il était rempli de visiteurs empressés ; nous croyons cependant que cette Notice ne serait pas complète si nous n'en rapportions quelques-unes qui nous paraissent dignes d'intérêt.

Dans les premiers jours de l'exposition, deux porteurs d'eau du voisinage entrèrent à l'atelier pour voir la statue. C'était le matin, et il n'y avait là qu'un jeune élève qui les écoutait ; l'un d'eux expliquait à l'autre le sujet du monument et tous les attributs qui l'entourent, et sa sagacité saisissait à merveille le sens poétique que l'artiste y a attaché. « Vois-tu, disait-il, comme sa tête et ses pieds dépassent le rocher ? C'est qu'il y était gêné, lui pour qui l'Europe était trop petite. Son épée est enchaînée, parce que les Anglais ont craint qu'elle ne fît la conquête du monde. Et son aigle, il est mort de chagrin : cela veut dire que sa brave armée n'existe plus, et qu'elle n'a pu vivre sans lui ! »

Le 15 août, à l'issue de la messe qu'on venait de célébrer, un vieil invalide proposa à ses camarades de se rendre à l'atelier de M. Rude pour y voir la statue de l'Empereur. Environ soixante-dix ou quatre-vingts de ces vétérans se mirent en marche, tenant tous à la main un petit bouquet d'immortelles. Arrivés à l'atelier, ils entourèrent avec respect le piédestal du monument, et admirèrent longtemps en silence la statue de leur ancien général ; ils se communiquaient à voix basse leurs observations, et à peine quelques soupirs et quelques exclamations venaient-ils troubler le recueillement qui les avaient saisis. Tout-à-coup un tambour, qui avait fait la campagne d'Egypte, s'adresse à l'élève qui surveillait l'atelier, et le supplie en pleurant de lui laisser embrasser l'Empereur. Celui-ci y consentit ; il alla dans une pièce voisine, en rapporta une échelle double, et chacun de ces vieux braves, y montant à son tour, posa sa bouche sur la figure de la statue, de laquelle il fallut faire disparaître le lendemain les traces que leurs lèvres et leurs larmes y avaient laissées. Leur attendrissement et leur enthousiasme étaient au comble. « Jamais, disait celui-ci, Dieu n'enverra sur terre un si grand génie ! — Le voilà pourtant, disait celui-là, enveloppé dans son manteau de gloire, tandis que ceux qu'il a enrichis sont enveloppés dans leur manteau d'or ! — Tu veux dire, ajoutait un autre, dans leur manteau de boue ! » Au moment de se retirer, un d'eux s'approcha, tira une médaille qu'il avait reçue du roi Jérôme Napoléon pour quelque action d'éclat, la posa sur le front puis sur la bouche de l'empereur, ensuite il la remit dans sa poche comme une précieuse relique. Ils partirent enfin, mais, avant de sortir, un capitaine déposa sur le manteau une branche de laurier, et tous les autres laissèrent sur le piédestal les bouquets d'immortelles qu'ils avaient apportés.

Deux jours auparavant, une scène plus touchante encore avait eu lieu. M. Lucas, colonel en retraite, était venu visiter le monument, et, profondément ému par la ressemblance de la figure et par la noble tristesse dont elle est empreinte, il détacha de sa boutonnière sa croix de la Légion-d'Honneur et l'attacha à la garde de l'épée de Napoléon, voulant la rendre, disait-il, à celui qui la lui avait donnée.

Le 16 août, on s'occupa d'emballer la statue. Vers les dix heures du matin, comme les portes de l'atelier qui donnent sur le trottoir étaient ouvertes, un omnibus garni au grand complet vint à passer; à la vue de ce magnifique bronze, le cocher arrête ses chevaux, et voyageurs, conducteur et cocher descendent, laissent la voiture et s'élancent dans l'atelier, d'où ils ne sortent pour repartir qu'après avoir satisfait leur admiration.

La voiture qui portait le monument arriva à Dijon le lundi 6 septembre; elle ne s'y arrêta qu'un instant, et ce fut assez pour qu'elle fût en un moment couverte de fleurs. — Dès qu'on vit passer dans le faubourg cette immense enveloppe sur laquelle étaient écrits en grandes lettres les mots *Statue de bronze*, des hommes et des enfants se mirent à l'escorter, dans l'espoir sans doute qu'elle allait être immédiatement ouverte, et quand les gens de la campagne virent la voiture entrer dans le chemin qui conduit à Fixin, tous quittèrent leurs travaux et arrivèrent de tous les points au coteau où ils savaient qu'on devait la décharger.

L'inauguration fut fixée au 19 : il fallait donner le temps de placer la figure sur son piédestal, et M. Noisot voulait attendre l'arrivée de M. Rude, qui travaillait activement à Paris à sa statue de Jeanne d'Arc.

Le *Journal de la Côte-d'Or* du 9 septembre annonçait la fête en ces termes :

« La fête de Fixin sera une véritable solennité. M. le préfet y assistera en grand costume, ainsi que M. le maire de Dijon, le général et diverses autres autorités, et, nous assure-t-on, une partie de la garnison (troupe de ligne et dragons), gendarmerie, pompiers de Dijon, de Gevrey et autres localités. Il y aura feu d'artifice, danses, etc.

« L'inauguration de la statue de Napoléon fera certainement époque dans notre département, et toutes les populations environnantes voudront y assister. »

En effet, dès que le jour de la fête fut connu, toutes les populations de l'arrondissement furent en émoi. L'artillerie de la garde nationale de Beaune et d'Auxonne, les pompiers de Dijon, de Gevrey et d'autres localités demandèrent à M. Noisot la permission d'y assister en armes. Tous les entretiens roulaient sur la statue et sur son inauguration, et toutes les voitures qu'on avait pu trouver à Dijon avaient été louées à tout prix bien longtemps à l'avance. Toutefois, le gouvernement avait cru convenable de ne pas donner à cette fête tant de solennité. Il n'avait pas permis aux autorités supérieures d'y paraître en costume, les troupes ne devaient plus s'y rendre que pour maintenir l'ordre, et les pompiers avaient reçu l'autorisation d'y aller en uniforme, mais sans armes.

Le 18 septembre, la statue avait été placée sur son piédestal, par une pluie qui avait duré toute la journée ; mais le 19 le soleil se leva radieux ; en ce moment, des salves de quatre petites pièces de canon annoncèrent la fête à tous les villages voisins. Deux de ces pièces avaient été données à M. Noisot par le général Raymond, pour être attachées au monument, et une inscription gravée sur leur bronze rappelle ce don et cette destination.

Le village de Fixin, situé sur les montagnes de la Côte-d'Or, à dix kilomètres de Dijon, est tourné au levant ; il a derrière lui un petit vallon qui pénètre assez avant dans la montagne. Dans le fond de ce vallon est un bois charmant qui appartient à la commune ; mais M. Noisot en a fait un jardin délicieux, que couronnent d'immenses rochers dont la tête domine les plus grands arbres.

Sur le coteau à droite de l'entrée, du côté de Gevrey, est le clos où s'élève la statue. M. Noisot s'est plu à lui donner un aspect guerrier ; la porte d'entrée et l'angle situé au midi sont défendus par de petits forts ; au milieu est une petite maison garnie de créneaux et flanquée d'une tour ; plus haut, à droite, sur un tertre élevé, est le monument, qui domine toute la plaine, jusqu'aux montagnes du Jura et des Alpes, qu'on aperçoit comme des nuages dorés aux limites de l'horizon, lorsque le soleil couchant vient éclairer leurs glaciers.

Dès l'aube du jour, deux longues files de pèlerins joyeux se développaient du côté de Dijon et de Nuits pour se réunir dans le petit chemin qui monte à Fixin. Un grand nombre de voitures couvraient la grande route ; plusieurs services d'omnibus s'étaient montés pour conduire les voyageurs, dont le plus grand nombre cependant, jeunes gens, vieillards, femmes, enfants, cheminaient à pied, portant avec eux les provisions qui devaient assurer le repas de leur journée. Ce spectacle charmant était encore animé par le bruit des tambours et l'aspect des troupes qui se rendaient à la fête.

A neuf heures, un bataillon du 13e régiment de ligne faisait son entrée dans le clos, musique en tête, salué par le canon des forts ; les artilleurs de Beaune, les pompiers de Dijon, ceux de Gevrey, d'Ouges, arrivaient successivement. La foule des curieux couvrait les coteaux ; on la voyait accourir de tous les points de la plaine et de la montagne pour garnir ces deux immenses amphithéâtres. Trente-cinq gendarmes avait été chargés de maintenir l'ordre dans le village, dont les rues étaient interdites aux voitures, qui allaient se ranger dans un vaste parc situé à l'entrée de la rue principale.

Les personnes favorisées d'une invitation de M. Noisot étaient introduites dans le clos par cinq commissaires décorés de rubans tricolores, et placées soit sur le tertre où l'on avait disposé des gradins, soit sur la terrasse crénelée de la maison, qui était pavoisée de drapeaux ainsi que les forts. Sur le coteau opposé, on apercevait la maisonnette du curé, surmontée d'un drapeau tricolore ; dans le fond du vallon, sous de grands noyers, étaient des tentes où l'on avait préparé des rafraîchissements pour les troupes qui assistaient à la fête.

A dix heures, le cortége des autorités se mit en marche, annoncé par le canon des forts, escorté par une garde d'honneur, et précédé d'une nombreuse musique, dirigée par M. Chanat. A sa tête étaient M. Noisot, en grand uniforme des grenadiers de la vieille garde ; M. Rude, M. le préfet, les généraux, le colonel de gendarmerie, les conseillers de préfecture, les maires de Dijon, de Fixin, de Gevrey, et un assez grand nombre d'anciens officiers, à la tête desquels marchait le vieux général Bony, revêtu de son ancien uniforme et couvert de ses décorations.

Arrivé au tumulus, autour duquel étaient rangés les différents corps de pompiers et de gardes nationales, le cortége se plaça, un silence profond s'établit, et M. Noisot prononça le discours suivant :

« Messieurs, j'ai besoin de vous dire quelques paroles, qui me semblent être ici à leur place.

« Rassurez-vous, ce n'est point un discours, c'est une révélation qui nous a été faite, depuis l'exécution de ce monument, par M. Marchand, le serviteur intime et l'ami du grand Empereur, révélation qui fait honneur au caractère des Bourguignons.

« Vous savez, Messieurs, nous savons tous que la maladie qui a tué notre Napoléon a pris son origine sur le rocher tropical de Sainte-Hélène. Après cinq ans d'agonie, après cinq ans de martyre, un jour le Christ moderne, se sentant plus mal... (il ne se trompait pas, l'heure solennelle approchait! la vie lui échappait!...), dit à Marchand : « Console-toi: ton « exil touche à sa fin; tu reverras la patrie, toi! tu reverras la France! « Eh bien! crois-moi : achète un coin de terre en Bourgogne; c'est la « patrie des braves; j'y suis aimé, on t'y aimera à cause moi! »

« Il aimait donc les Bourguignons, Messieurs, puisqu'il leur adressait ses amis! Il avait raison.

« Voyez, Messieurs! une circonstance, un hasard, le doigt du ciel peut-être, a jeté l'un en face de l'autre deux hommes, un vieux soldat, un vieil artiste, tous deux contemporains du grand Empereur! C'est ici, c'est à cette place même que nous avons parlé de lui! « Comprenez-vous, mon cher Rude, lui disais-je dans ma douleur, qu'il n'y ait pas en France un tableau, une figure, un monument qui rappelle à mes yeux mon Empereur, celui que j'ai connu si grand, si glorieux, et dont j'aurais voulu partager les deux exils! »

« Il fallait voir en ce moment comme moi l'œil étincelant du vieux sculpteur! il était beau de bonheur et d'inspiration. « Mais, me dit-il avec vivacité, que voulez-vous faire d'une statue? où voulez-vous la placer? — Ici, là, en face des Vosges, en face du Jura, des Alpes, en face de l'Italie! ayant à ses pieds les vallons et les champs de la Bourgogne! — Eh bien! consolez-vous, mon cher Noisot, me dit-il en me pressant la main, *je vous ferai* un Empereur! »

« Messieurs, le croiriez-vous, son amitié ne me disait pas tout; car depuis longtemps il avait fait ce monument dans sa pensée pour en doter la Bourgogne, sa patrie. Ainsi, je n'ai à me vanter ici que d'une chose, et je m'en contente, c'est de l'honneur insigne qu'il m'a fait en me choisissant pour abriter sa modestie. Ne vous y trompez donc pas, Messieurs, la gloire est à l'artiste, et je dois décliner ici la part d'ovation que vous voudriez peut-être m'offrir.

« Si je ne craignais d'abuser, je rappellerais encore ces paroles qui nous viennent de Sainte-Hélène : « Je désire que mes cendres reposent « sur les bords de la Seine, au milieu de ce peuple que j'ai tant aimé! »

« Honneur à la main royale qui a accompli ce dernier vœu de l'Homme du Destin. La Capitale peut avec raison être fière de l'honneur de posséder son corps. A nous, Messieurs, il nous faisait une autre part : il nous adressait ses amis ; mais nous avons aujourd'hui quelque chose de plus, nous avons son image reproduite par un bronze immortel. Plaçons donc, Messieurs, une fleur, une branche de chêne sur le front du vieux sculpteur, sur le front du moderne Phidias auquel nous le devons !

« Il nous reste à remercier avec effusion les magistrats, les citoyens, l'armée, de l'empressement qu'ils ont mis à honorer, à embellir de leur présence cette fête de famille donnée au milieu des montagnes !

« Nous confions ce monument à l'honneur national, au patriotisme énergique des Bourguignons ! et si un jour les ennemis de la France, les Barbares, les Vandales osaient encore une fois tourner leur front et marcher contre nous au cri de : « Paris ! Paris ! » en défendant notre patrie, nous défendrons aussi ce monument que nous découvrons aujourd'hui ! »

En ce moment, le vaste drapeau qui couvrait la statue fut enlevé, et un soleil éblouissant vint éclairer la magnifique tête de Napoléon. Des cris de vive l'Empereur ! vive Noisot ! vive Rude ! éclatèrent alors de toutes parts ; des couronnes de laurier et des bouquets de fleurs étaient lancés de tous les points de la foule et couvraient le monument et ceux qui en étaient le plus près ; le préfet, les généraux embrassèrent avec effusion M. Noisot et M. Rude. Pendant ce temps, les tambours battaient aux champs, et les forts saluaient de vingt-un coups de canon la figure découverte ; un instant après, les deux musiques faisaient redire aux échos de la montagne la *Marseillaise* et l'air *Veillons au salut de l'Empire*; puis toutes les troupes défilèrent devant la statue en lui rendant les honneurs militaires.

Malgré toutes les mesures prises pour maintenir les rangs serrés des spectateurs, ils ne purent être contenus plus longtemps. La foule s'élança de tous côtés, en passant par-dessus les murs du clos, et se pressa pour monter au tertre et voir la statue ; mais elle était si compacte, qu'il lui était impossible de suivre une direction ; ce ne fut que plusieurs heures après qu'on put parvenir au monument sans courir le risque d'être étouffé.

A midi, M. Noisot fit servir, dans le vieux manoir de Montmort, qu'entourent des chênes séculaires, et qui domine l'immense bassin de la Saône, un déjeûner splendide auquel vinrent s'asseoir toutes les autorités invitées, les chefs des corps militaires présents à la fête, un grand nombre d'anciens officiers et d'amis. Au dessert, M. le général Boyer se leva et dit :

« Messieurs, le toast que j'ai l'honneur de vous proposer est : Au Roi ! Au roi, dont toutes les pensées, toutes les veilles sont consacrées au bonheur du pays ! au roi, protecteur éclairé des arts, qui a voulu qu'un même palais réunît toutes les gloires de la France ! au roi enfin, qui a si bien jugé le sentiment national, quand il a envoyé un de ses fils recueillir pieusement sur la terre étrangère les restes du grand homme en l'honneur duquel nous sommes réunis aujourd'hui ! Au roi ! »

Le préfet s'est levé ensuite, et a porté le toast suivant :

« Messieurs, j'ai l'honneur de vous proposer de boire à la santé de M. Rude et de M. Noisot. — Au génie des arts, au génie de la reconnaissance, dont le noble concours et l'alliance féconde ont produit un chef-d'œuvre consacré à un grand homme ! — A notre moderne Phidias, qu'un autre Alexandre aurait déclaré seul digne de reproduire son image ! — Au grenadier de l'île d'Elbe, qui, courtisan de l'exil, a conquis le droit de décerner à l'Empereur cet hommage d'un pieux dévouement et d'une fidélité inaltérable ! — A Rude, a Noisot ! »

Pendant ce temps, la population se répandait dans le vallon ; les uns se plaçaient sous les tentes des nombreux restaurants établis dès la veille ; les autres couvraient le gazon des coteaux, ou cherchaient un abri sous l'ombrage du bois. Partout se dressaient des tables improvisées, qui se chargeaient de comestibles et s'entouraient de joyeux convives.

Bientôt deux bals champêtres firent entendre leur orchestre ; une foule de jeux, de spectacles furent visités par les curieux ; si l'imagination veut se représenter une belle et riante campagne, couverte d'une foule de dames parées avec élégance, et d'une foule encore plus grande de gens de la campagne vêtus de leurs habits de fête, on pourra se faire une idée de cette journée où plus de vingt mille personnes ont été réunies, sans que le moindre accident, la moindre querelle soient venus troubler la joie et le bonheur qui brillaient sur tous les visages.

A trois heures les autorités sont retournées au monument pour le voir encore ; les pompiers ont désiré être passés en revue par M. le général Bony et M. Noisot, et ils ont défilé au pied de la statue aux cris de : « Vive l'empereur ! vive Rude ! vive Noisot ! » et en jetant sur le piédestal des bouquets d'immortelles.

Au coucher du soleil, une dernière salve de vingt-un coups de canon se fit entendre, et, quelques instants après, une ligne de pots à feu éclaira les murs du clos et le fort; puis un feu d'artifice termina cette journée, qui laissera dans le village de Fixin un souvenir ineffaçable.

Cependant une nouvelle fête non moins touchante se préparait à Dijon. MM. Rude et Noisot avaient été invités à un banquet, organisé par une réunion nombreuse d'artistes et d'amis, à la tête desquels s'étaient placés les professeurs de l'École des Beaux-Arts.

Une table de cent quarante couverts avait été dressée à l'Hôtel-de-Ville, dans l'ancienne salle de la Légion-d'Honneur, connue sous le nom de salle de Flore; c'était tout ce que cette enceinte pouvait contenir. La Commission chargée d'organiser le banquet l'avait décorée avec élégance; des fleurs et des arbustes en garnissaient le tour; dans les impostes des fenêtres, au-dessous des trophées d'armes, on lisait, entourés de branches de lauriers, les noms des artistes distingués de la Bourgogne, Sambin, Dubois, Lemuet, Lallemant, Quentin, Lebault, Prudhon, Gagnereaux, Devosge fils, Ramey, Petitot, Bornier, Naigeon, Renaud. Au milieu de la salle étaient, en face l'un de l'autre, deux bustes sortis tous deux de la main de M. Rude : le premier était celui de Devosge père, fondateur de l'Ecole de Dijon; l'autre celui de Monnier, graveur distingué, et ami de Devosge; tous deux avaient été les premiers bienfaiteurs de l'artiste qu'on allait fêter.

Le service était magnifique; la table était ornée de bronzes antiques prêtés par un des convives; c'étaient : la Vénus de Milo, deux groupes représentant l'enlèvement de Proserpine par Pluton et celui d'Orithie par Borée, les deux chevaux de Coustou; deux vases magnifiques ornaient les deux extrémités; soixante lampes Carcels et une multitude de bougies éclairaient la salle.

A six heures, MM. Rude et Noisot, qu'une députation venait d'amener, ont été introduits; M. Rude s'est placé à la droite de M. Devosge fils, qui, malgré sa faible santé et son âge, avait accepté avec bonheur la présidence du banquet; M. Noisot s'est mis en face, à la droite de M. Hernoux, ancien député et vice-président. Un petit nombre de places seulement avaient été réservées autour d'eux pour quelques amis et quelques notables citoyens.

A la première détonation du champagne, M. Chevillard s'est levé, et a fait, au nom de la Commission, le toast suivant :

« Messieurs,

« Quatre-vingt-deux ans se sont écoulés depuis le jour où François Devosge a ouvert pour la première fois, dans la rue Chanoine, cette école des Beaux-Arts qui est devenue une des institutions les plus utiles et un des plus précieux ornements de notre ville. Lorsque, se reportant en arrière, l'esprit considère ce siècle presque révolu, il se demande avec étonnement comment la mémoire d'un simple artiste a pu franchir tant d'années à travers tant de choses que ces années ont vu s'accomplir. Il faut le proclamer hautement, car c'est là l'impérissable honneur de François Devosge, si sa mémoire est encore aujourd'hui si vivante et si chère, c'est qu'indépendamment des admirables compositions qu'il a laissées, des services qu'il a rendus à l'art en contribuant à sa renaissance au siècle dernier, et du fils dont il nous a légué la vie et les efforts, il a exercé une véritable action sociale en traçant la route de la gloire aux enfants de la classe la plus déshéritée, et en les relevant par là de la déchéance sous laquelle les tenait courbés un ordre politique tout entier. Ai-je besoin de dire, dans cette réunion qui compte dans son sein tant d'artistes dijonnais, que l'appel adressé par Devosge à ses compatriotes a été entendu, et que la carrière dont il ouvrait l'entrée a été parcourue avec éclat et bonheur par une foule d'enfants du peuple, depuis Prudhon, le fils du maçon, jusqu'à l'artiste éminent que nous fêtons aujourd'hui !

« Messieurs, nous n'entreprendrons pas de dérouler devant vous la carrière artistique de M. Rude; les limites qui nous sont imposées ne nous permettraient pas de faire de ses œuvres une appréciation digne d'elles. Nous nous bornerons à signaler l'unité de cette noble vie tout entière vouée à l'art, cette persévérance de l'artiste dans le culte des patriotiques grandeurs et des glorieux souvenirs. Par le légitime privilège d'un noble cœur, il lui était réservé d'attacher son nom à notre histoire, d'ouvrir et de clore une époque incomparable. Si la première inspiration du sculpteur fait historien, si le bas-relief du *Départ*, cette admirable introduction au récit de nos guerres nationales, sculptée sur l'arc-de-triomphe de l'Etoile, a été consacrée à perpétuer le souvenir du premier et du plus grand des efforts de la France, le monument que nous avons inauguré sur les côtes de notre Bourgogne est destiné à rappeler dans un bronze immortel le dernier chant de cette immortelle épopée. Aussi grand artiste que citoyen sévère, M. Rude n'a pas représenté son héros la tête ceinte du diadème; il ne l'a pas conservé à la postérité drapé dans le manteau impérial, mais le front décoré de la couronne des grands capitaines, mais enveloppé dans son manteau des champs de bataille. Couché encore sur ce rocher où il expia si cruellement son ardent amour de la France, prêt à le quitter pour s'emparer lui-même de l'immortalité, on n'aperçoit plus, dans celui qui fut l'Empereur, que le chef des soldats de 1792. Ainsi se relient entre elles, par une même pensée de patriotisme et de gloire, ces deux grandes œuvres de M. Rude.

« Nous voudrions pouvoir vous retenir davantage devant le chef-d'œuvre que notre cité envie à la montagne de Fixin, car un vent venu hier de ces Alpes vers lesquelles se tournent les yeux fermés encore, mais non éteints, de la statue du héros, nous inspirerait le désir de vous dire avec un grand poète : « Tenez, parlons un peu de l'Empereur, cela nous fera du bien; » mais il y a des champs que notre pensée ne doit pas parcourir.... le temps aussi nous est compté. Nous laisserons donc à votre mémoire le soin de vous rappeler les beautés du chef-d'œuvre que nous irons souvent admirer, et de tant d'autres œuvres également belles, inspirées à M. Rude soit par l'art pur, soit par la religion, soit par l'histoire, et qui toutes déposent des sentiments élevés et de la noblesse d'ame de leur auteur.

« Messieurs, je viens de parler des sentiments élevés et de la noblesse d'ame de notre compatriote; qu'il me permette de dire, sans trop soulever le voile qui recouvre les mystères du foyer domestique, que ces qualités de l'ame et du cœur ne parviennent chez l'homme à un certain degré que sous la tutélaire influence de l'esprit et du cœur d'une femme d'élite. A ce titre seul le nom de Mme Rude devrait en ce jour être uni à celui de son mari, si un éminent talent d'artiste ne donnait à la petite-fille de Monnier, à la digne élève de Devosge père et de David, des droits directs à nos respectueux hommages.

« Mais, Messieurs, nous possédons au milieu de nous un autre artiste dont le nom restera également attaché par un lien indissoluble à celui de l'auteur de la statue de Napoléon.

« Messieurs, après avoir consacré leur vie à la grandeur de la France, après avoir, dans les jours de deuil, versé leur sang pour défendre son indépendance, il est des hommes auxquels, pour prix de leur dévouement et de leur fidélité, on ne laissa à la main que le tronçon d'une épée. Ces hommes durent recommencer une vie de combat, et, encore fatigués des luttes qu'ils avaient soutenues contre les ennemis de la patrie, ils furent réduits à lutter contre la misère. Au nombre de ces hommes, et dans la position la plus pénible, se trouvait un ancien grenadier de l'île d'Elbe, le capitaine Noisot. Heureux dans cet abandon, non de la patrie mais du pouvoir, de retrouver les crayons avec lesquels il avait joué aux jours plus riants de sa jeunesse, il demanda à l'art les moyens de vivre. On aime à rencontrer les peintures pleines de délicatesse et de grâce que l'héroïque soldat de Waterloo exécutait pour gagner son pain.

« Artiste bourguignon, le nom de l'officier de l'île d'Elbe appartiendrait à cette fête des arts, alors que, par son désintéressement, associé à celui de M. Rude, il ne se serait pas créé, en dotant notre contrée d'un chef-d'œuvre, un double droit à notre affection.

« Messieurs, au nom du Comité, j'ai l'honneur de vous proposer le toast suivant :

« A LA MÉMOIRE DE FRANÇOIS DEVOSGE ! — A M. ANATOLE DEVOSGE ! — A M. RUDE ! — A Mme SOPHIE RUDE ! — AU CAPITAINE NOISOT ! »

M. Rude a répondu, d'une voix étouffée par l'émotion :

« L'insigne honneur que je reçois de vous, Messieurs, honneur rendu aux arts, me pénètre de reconnaissance, et je vous en remercie !..... Les sentiments affectueux que je trouve en vous sont très-précieux pour mon cœur ; j'en éprouve une si vive émotion de bonheur, que je n'entreprendrai pas de le définir.

« A MA RECONNAISSANCE, AUX SENTIMENTS AFFECTUEUX QUI NOUS ANIMENT TOUS ! »

Ensuite, M. Joliet, notaire, a porté le toast suivant :

« A L'ÉCOLE DES BEAUX-ARTS DE DIJON !

« A cette institution éminemment utile et populaire, qui doit son origine au noble désintéressement et au talent distingué de François Devosge, cet artiste d'élite dont le nom appartient à la France, mais dont le caractère est resté parmi nous le type du bon citoyen !

« A cette École de laquelle sont sortis : Prudhon, Gagnereaux, Devosge fils, Ramey, Petitot, Rude, le plus grand statuaire de notre époque !... Jouffroy, Garraud, et tant d'autres hommes remarquables, qui font l'orgueil de nos professeurs, la gloire de notre cité et le plus bel éloge de l'honorable président de cette assemblée !...

« A l'École dijonnaise ! Messieurs ; à son glorieux passé ! à son brillant avenir ! »

M. Devosge s'est levé, et, après avoir prononcé des remerciements pour les vœux faits en faveur de l'Ecole, il a fait un toast à l'heureuse réunion qui a su si bien apprécier le beau talent et le noble désintéressement de M. Rude, notre compatriote.

Un troisième toast a été porté à M. Noisot, par M. Démoulin, juge de paix, qui s'est exprimé ainsi :

« A Noisot! Au grenadier de l'île d'Elbe, au brave officier de la Légion-d'Honneur, au plus noble cœur parmi ceux des enfants de la France, au Bayard bourguignon, le chevalier sans peur et sans reproche !

« En vous portant, Messieurs, la santé de Noisot, c'est porter celle de tous les cœurs français et généreux, de tous ceux chez lesquels l'amour de la patrie s'unit au sentiment de la dignité nationale et de l'honneur du nom français.

« Que vous dirai-je, Messieurs, du brave Noisot, qui ne soit mille fois au-dessous des sympathies qu'il a soulevées autour de lui et de l'élan patriotique de cette fête populaire, où des flots de population sont venus de tous les points de la Côte-d'Or, ce noble pays au sang généreux, s'incliner avec lui devant ce bronze élevé par la religion des souvenirs au grand homme qui a couvert la France d'une gloire impérissable !

« Une pensée plus féconde encore que celle de la fidélité, du dévouement et de la reconnaissance que Noisot portait à l'Empereur, s'est révélée dans l'érection de cette œuvre de l'art ; et cette pensée, Messieurs, c'est celle *de la défense de la patrie, si jamais l'étranger osait encore une fois s'imposer à la France*; défense que l'image du héros qui leur disputa pied à pied le territoire rendrait plus énergique encore chez nos braves Bourguignons, en combattant au pied du monument.

« Cette pensée, Messieurs, c'est Noisot qui l'a formulée dans ces paroles chaleureuses qu'il vous a fait entendre, en faisant l'inauguration de la statue de l'Homme du Destin : « Nous confions, a-t-il dit, ce monument
« à l'honneur national, à l'énergique patriotisme des braves Bourgui-
« gnons... Si un jour les ennemis de la France, les Barbares, les
« Vandales, osaient tourner leur front et marcher contre nous au cri
« de : *Paris! Paris!* n'est-il pas vrai qu'en défendant la patrie vous dé-
« fendrez ce monument! »

« C'en est assez, Messieurs ; nous redirons seulement avec vous : « Honneur à Noisot, au grenadier de l'île d'Elbe, au brave officier de la Légion-d'Honneur, au plus noble cœur parmi ceux des enfants de la France, au Bayard bourguignon, le chevalier sans peur et sans reproche ! »

M. Noisot a répondu à ce toast par quelques paroles pleines de chaleur et de sentiment, et il a terminé par ces mots, qui peignent si bien son culte pour l'Empereur et son noble désintéressement : « Ce monument que nous avons tous admiré me coûte bien cher, et pourtant, depuis que je le possède, je suis si riche et si heureux, que vous me portez tous envie. »

Plusieurs autres toasts ont été ensuite portés à M. Rude :

Par un membre de la commission, au nom de M. l'abbé Louvot, qu'une circonstance impérieuse avait empêché d'assister au banquet :

« Au noble statuaire qui, en consacrant son talent aux gloires de la patrie, aux touchants mystères de la religion, à l'immortalité des grandeurs déchues, a si bien compris que le talent, cet aigle des intelligences, ne doit s'inspirer qu'aux clartés du ciel et ne dépendre que de Dieu !

« Puissent les magistrats de notre cité confier au grand artiste la statue du grand Bossuet ! Mettre Rude en présence de Bossuet, ce serait enrichir Dijon d'un nouveau chef-d'œuvre. »

Par M. Berthaux, graveur :

« A la gloire de notre compatriote M. RUDE, illustre élève de l'Ecole de Dijon ! — A la prospérité progressive de notre Ecole des Beaux-Arts ! »

Par M. Mazeau, ancien notaire :

« A RUDE LE STATUAIRE ! — A SON GÉNIE !

« Que ce jour, dans lequel nous offrons une fête au grand artiste dont le nom est depuis longtemps célèbre, soit témoin des vives sympathies que ses amis, ses compatriotes sont heureux de lui exprimer dans cette enceinte !

« En présence de cette touchante ovation civique, ne nous sentons-nous pas émus comme lui par de bien doux souvenirs ?...

« A nous, contemporains de Rude, nous, qui avons aussi suivi les leçons du savant et digne professeur Devosge, fondateur de notre Ecole des Beaux-Arts... à nous de rendre un hommage respectueux et reconnaissant à la mémoire auguste du grand maître, inséparable de celle des artistes distingués qu'il a formés dans notre cité.

« Honneur à notre illustre professeur Devosge !

« Honneur à Rude, le plus digne de ses élèves ! »

Par M. Delautel, directeur des Messageries royales, dont la fille est l'élève de M. et de Mme Rude :

« A Monsieur Rude !

« Moi aussi, Messieurs, j'unirai ma voix à la vôtre, je paierai mon faible tribut à la plus pure des gloires.

« Oui, grand artiste, dont la présence nous honore, votre modestie, le plus bel apanage du talent, votre modestie, dis-je, ne saurait s'alarmer ; car vous savez qu'en dehors de toute sympathie générale, un sentiment plus intime est gravé dans mon cœur, c'est celui de la gratitude pour les soins dont vous et votre digne compagne entourez l'objet de mes plus chères affections !...

« Arrivé à l'âge où d'autres redoutent d'entreprendre de nouvelles luttes et pensent qu'il faut laisser le champ de bataille à de plus jeunes athlètes, vous prouvez, vous, par de nouveaux chefs-d'œuvre, que l'inspiration créatrice peut s'accorder avec la maturité du talent ; mais je laisse à d'autres membres de cette réunion le soin de parler dignement des monuments impérissables que votre génie lègue à la France. Quelque grand qu'il soit, ce n'est pas le seul titre à nos éloges, ce n'est pas la seule raison de cette solennité. Pour qui la comprend bien, elle témoigne non-seulement de notre admiration, mais aussi de notre estime profonde pour votre noble caractère, pour votre désintéressement, pour vos vertus privées, pour cette bienveillance inépuisable qui vous conduit jusque dans l'atelier de vos élèves, qui suit leurs progrès dans la carrière si difficile de l'art.

« Emportez dans votre atelier, asile de laborieuses et poétiques productions, les vœux et la reconnaissance de vos concitoyens. Vous avez une belle place dans l'histoire de notre beau pays, et quand vous porterez vos regards dans l'avenir, comme le héros dont vous nous avez légué la dernière pensée, ayez confiance et soyez heureux, car vous avez déjà de glorieux titres acquis à l'admiration de la postérité ! »

Enfin, par M. Démoulin, juge de paix :

« A Rude ! à notre honorable compatriote, que Dijon s'enorgueillit de compter parmi ses enfants ; à notre ancien camarade à l'Ecole des Beaux-Arts ; au digne élève de François Devosge ; au célèbre statuaire dont la renommée européenne va faire, sous l'égide de Napoléon, le tour du monde ; à l'artiste modeste et désintéressé ; à l'homme dont le beau caractère s'allie aux mœurs des temps antiques; à celui que vous me permettrez, Messieurs, d'être fier d'appeler mon ami !...

« Vous parlerai-je, Messieurs, de quelques-uns de ses chefs-d'œuvre? Vous rappellerai-je la grâce de son *Pêcheur napolitain?* Vous dirai-je les merveilles de ce groupe admirable de l'arc-de-triomphe de l'Etoile, où le statuaire s'est inspiré de tout ce qu'il y avait de saisissant, de grand, de noble, d'entraînant, dans cet immortel épisode de la révolution française, l'*Appel aux armes,* et le *Départ de* 1792, alors que le territoire était menacé des hordes étrangères, et que les enfants de la France couraient, volaient, se ruaient à la frontière pour la défense de la patrie ! C'est dans ce chef-d'œuvre de l'art que le génie du statuaire a pris tout son essor ; la pierre est animée, les personnages sont en mouvement; vous partagez leur entraînement; vous sentez comme un frémissement involontaire circuler dans vos veines, vous éprouvez la commotion de l'étincelle électrique ; c'est 92 tout entier, avec sa sublime énergie !

« Et vous, Messieurs, vous vous êtes inclinés comme moi devant ce bronze, l'effigie de Napoléon, bien moins peut-être à cause de la magie des souvenirs, que de l'idée-mère et de la beauté artistique de cette page étonnante parmi les œuvres de la statuaire.

« Ah ! c'est là qu'il fallait encore toute l'inspiration de l'artiste ; c'est là que devait se révéler dans cette œuvre, toute de poésie et de sentiment, son génie créateur !.... Ce n'est pas Napoléon à l'apogée de sa puissance, c'est le martyr de la sainte-alliance qui vient de mourir sur le rocher de Sainte-Hélène !..... Comme sa belle tête est calme !... quelle empreinte douloureuse de la souffrance, et, toutefois, quelle empreinte aussi d'une courageuse résignation !.... La mort vient de frapper sa victime, mais déjà l'ame se révèle tout entière, elle monte dans les cieux, elle s'envole dans l'éternité; c'est bien plutôt l'apothéose que la résurrection du demi-dieu, car l'immortalité c'est le domaine de Napoléon, et sur la terre et dans les cieux !....

« Cette immortalité, Messieurs, le statuaire aussi l'a conquise !.... Honneur à Rude ! honneur à son talent ! Rude et le *Départ de* 1792, cette page la plus sublime de la révolution française, Rude et Napoléon sont désormais inséparables. »

Après ces toats, qui ont été couverts d'applaudissements, la réunion s'est séparée. Le soir, lorsque M. Rude était déjà rentré et se reposait des vives émotions de cette belle soirée, de jeunes artistes lui improvisèrent une sérénade : MM. Jules Mercier, Eugène Mercier, Debillemont,

Rothenaus et Hustache père exécutèrent sous ses fenêtres des morceaux choisis, et rendirent ainsi un nouvel hommage à son grand talent et à son beau caractère.

Cependant l'affluence continue autour du monument; chaque jour de nouveaux visiteurs se rendent à Fixin pour le contempler, et l'impression qu'en reçoivent ceux qui le voient est la même pour tous : c'est une émotion profonde et une admiration qui ne fait que s'accroître.

Dès le premier jour cet enthousiasme s'est manifesté; d'anciens soldats ont demandé avec instance la permission d'embrasser la statue. Un vieil officier s'est approché, a noué sa croix à la garde de l'épée, en disant : « C'est lui qui me l'a donnée, je la lui rapporte. » Un menuisier de Dijon, nommé Cormillot, s'est approché de M. Noisot, et lui a donné la croix d'honneur de son père, en lui disant : « C'est le seul héritage que j'ai reçu de lui, et je n'ai rien de plus précieux à vous donner; attachez-la à la statue. » Jean Cormillot, père de ce brave homme, était parti comme simple soldat, en 1792, dans le dixième bataillon de la Côte-d'Or, et à force de belles actions il était devenu capitaine et officier de la Légion-d'Honneur.

L'expression de la figure, dont les yeux fermés indiquent que le grand capitaine est bien réellement mort, tandis que sur son front brille déjà le feu de la vie éternelle dans laquelle il s'élance; cette expression est si saisissante, qu'elle a imposé à la multitude, qui venait là avec des idées riantes, une pensée religieuse, une attitude grave, et qu'elle a donné lieu ces jours derniers à un fait d'une naïveté vraiment touchante. Une vieille femme de Fixin descendait de la montagne au village; le curé la rencontra : « Eh bien! bonne mère, lui dit-il, avez-vous bien vu Napoléon? — Ah! M. le curé, lui répondit-elle, je l'ai trouvé si triste, que je n'ai pu m'empêcher de me mettre à genoux et de dire pour lui un *Pater* et un *Ave*. »

C'est ainsi que l'imagination du peuple est disposée à donner à ce qui est grand et beau, un caractère poétique et merveilleux; il s'est dit tous ces jours-ci, à l'ombre du piédestal de Napoléon, des choses auxquelles il ne manque que le vernis du temps pour être mises au rang de ces vieilles légendes qu'on ne se lasse pas de répéter au coin du feu des chaumières.

Samedi 25, septembre, un ouvrier racontait, au milieu d'un cercle nombreux d'ouvriers comme lui, une anecdote dont nous n'attesterons pas l'authenticité. « Voyez-vous cette statue, disait-il ? il a mis vingt ans à la faire. Cela ne m'étonne pas, elle est assez belle pour cela. Quand elle a été faite, les Anglais l'ont su, et ils sont venus à Paris lui demander son moule. Mon moule ! s'est-il écrié, mon moule, à vous, Anglais, qui l'avez fait mourir ! Il a saisi son marteau, il a brisé son moule, et puis il leur a dit : Mauvais gueux que vous êtes, faites-en une pareille à présent, si vous pouvez ! »

Voilà tout ce que nous avions à dire sur un événement qui a remué nos populations jusqu'au fond du cœur. La statue de Napoléon, que toute la France enviera à la Bourgogne, sera désormais le but d'un pieux pèlerinage. Les uns s'y rendront pour admirer l'œuvre magnifique érigée par le noble dévouement du grand artiste et du brave soldat ; les autres, en bénissant ceux qui l'ont élevée avec tant d'amour et de désintéressement, rendront hommage à la mémoire populaire du grand capitaine qui porta si haut la puissance et la gloire de la France. Vendredi, le 13e régiment de ligne s'y est rendu, et, après avoir pris son ordre de bataille, il s'est formé en pelotons et a défilé devant la statue en lui rendant les honneurs militaires ; jeudi, les dragons lui avaient rendu le même hommage. Dimanche, une nouvelle fête avait lieu dans le vallon ; des médailles étaient offertes aux plus adroits tireurs à la cible et à l'oiseau, et plus de cinquante voitures avaient amené des environs de nombreux admirateurs.

Nous nous arrêtons ici : puissent les jeunes gens qui liront cette Notice y puiser des leçons de courage dans la vie de l'artiste éminent et dans celle du noble guerrier ; puisse le gouvernement y voir quels élans généreux peuvent soulever en France les souvenirs de notre gloire et de notre grandeur déchues !

Dijon, 30 *septembre* 1847.

Imp. Loireau-Feuchot.

www.ingramcontent.com/pod-product-compliance
Lightning Source LLC
Chambersburg PA
CBHW070716050426
42451CB00008B/668